CLAN 7

INICIAL

Edi numen

Clan 7 Inicial

PREISSMURPHY
A&A Education Group

PO Box 1529, Corvallis, OR, USA 97339 info@preissmurphy.com

Autores: © Richard Anner and Mary Ransaw

Coordinación: David Isa

ISBN: 978-84-9179-417-2

Depósito Legal: M-4301-2020
Impreso en España
Printed in Spain
1023

Diseño de cubierta: Carlos Casado

Música y letra: M.ª Idoia Sáez de Ibarra

Teclados y arreglos: M.ª Idoia Sáez de Ibarra y Fernando Camacho

Voces: M.ª Idoia Sáez de Ibarra, Miriam Camacho y Francisco Camacho

Estudio: Aire Estudio

Impresión: Gráficas Glodami

Editorial Edinumen
José Celestino Mutis, 4.
28028 Madrid. España
Teléfono: (34) 91 308 51 42
Correo electrónico: edinumen@edinumen.es
www.edinumen.es

EXTENSIÓN DIGITAL en ELEteca

Un espacio en constante actualización

- Las **audiciones** de este libro se encuentran disponibles y descargables en nuestra plataforma educativa.
- Para acceder a este espacio, entra en la **ELEteca** (https://eleteca.edinumen.es), activa el código que tienes a continuación y sigue las instrucciones.

CÓDIGO DE ACCESO

K4CGYFV7jh

Para más información, consultar los términos de uso de la ELEteca.

Índice

Bienvenidos

1

2

Comenzamos

3

el libro
el pegamento
las tijeras
la cinta adhesiva

Normas de clase

4

Abrid el libro.

Cerrad el libro.

Guardad el lápiz.

Sacad el lápiz.

1 Este soy yo

Beni, Lola, Juan, Sara, Ana, Pablo, Carlos.

1. Escucha y repite. 5
2. Señala y repite.
3. Escucha y encuentra.

Sesión 2 Estructura

Hola, soy (nombre).
¿Cómo estás? Estoy bien, gracias.
Adiós.

1. Escucha y repite. 6
2. Señala y repite.
3. Practica.

Aa Bb Cc Dd Ee Ff Gg Hh Ii Jj Kk Ll Mm
Nn Ññ Oo Pp Qq Rr Ss Tt Uu Vv Ww Xx Yy Zz

Aa (arena, avión) Bb (boca, burro).

1. Escucha y señala. 7
2. Escribe y repite.
3. Encuentra.
4. Juego: Da una palmada y repite.

arena

avión

boca

burro

Números

Uno, dos.

1. Escucha y señala. 8
2. Escribe y repite.
3. Encuentra y cuenta.
4. Juego: Da palmada con los números.

1 2 3 4 5 6 7 8 9 10

uno

dos

1. Escucha. 9
2. Observa y repite.
3. Escucha y practica.

¡Hola!

1

Juan: Hola.
David: ¡Hola!

2

Juan: Soy Juan.
David: Soy David.

3

Juan: Ese es Beni.

4

Juan: Esos son mis amigos.
David: ¡Hola!

Canción

1. Escucha. 10
2. Escucha y señala.
3. Canta.

¿Cómo estás?

¡Hola!

¿Cómo estás?

Estoy bien, gracias.

Estoy bien.

¡Adiós!

1. Escucha y repite. 11
2. Señala y repite.
3. Practica.
4. Juego: Di y salta.

Encuentra, di y señala las letras *A*, *a*, *B* y *b*.

2

Mi familia

Tía, hermano, papá, abuela, abuelo, mamá, hermana.

1. Escucha y repite. 12
2. Señala y practica.
3. Escucha y encuentra.

Estructura

Él es mi papá.
Ella es mi mamá.
Él es mi hermano.

1. Escucha y repite. 13
2. Señala y repite.
3. Practica.

Aa Bb **Cc Dd** Ee Ff Gg Hh Ii Jj Kk Ll Mm
Nn Ññ Oo Pp Qq Rr Ss Tt Uu Vv Ww Xx Yy Zz

Cc (caja, cebra, circo, cometa) Dd (dedo, dado).

1. Escucha y señala. 14
2. Escribe y repite.
3. Encuentra.
4. Juego: Atrapa la pelota.

Cc Dd

caja

cebra

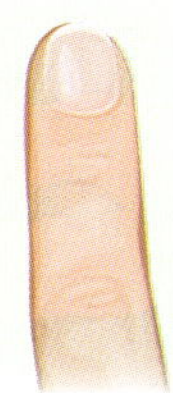
dedo

dado

circo

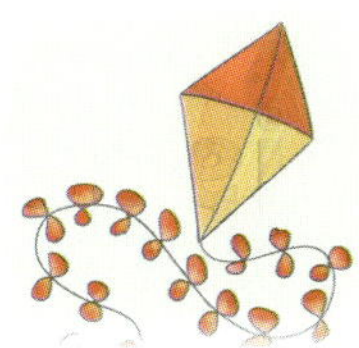
cometa

Números

Tres, cuatro.

1. Escucha y señala. 15
2. Escribe y repite.
3. Encuentra y cuenta.
4. Juego: Rodea el número.

1 2 3 4 5 6 7 8 9 10

3

4

tres

cuatro

1. Escucha. 16
2. Observa y repite.
3. Escucha y practica.

¿Dónde está Pablo?

Ana: ¿Dónde está Pablo?

Ana: Ella es mi mamá. Ella no es Pablo.

Ana: Él es mi papá. Él no es Pablo.

Ana: ¡Pablo! Estás aquí.

Canción

1. Escucha. 17
2. Escucha y señala.
3. Canta.

Mi familia

Esta es mi familia.

Él es mi papá. ¡Hola, papá!

Esta es mi familia.

Ella es mi mamá. ¡Hola, mamá!

Esta es mi familia.

Él es mi hermano. ¡Hola, hermano!

1. Escucha y repite. 18
2. Señala y repite.
3. Practica.
4. Juego: Di y toca las palmas.

Encuentra, di y señala las letras *C*, *c*, *D* y *d*.

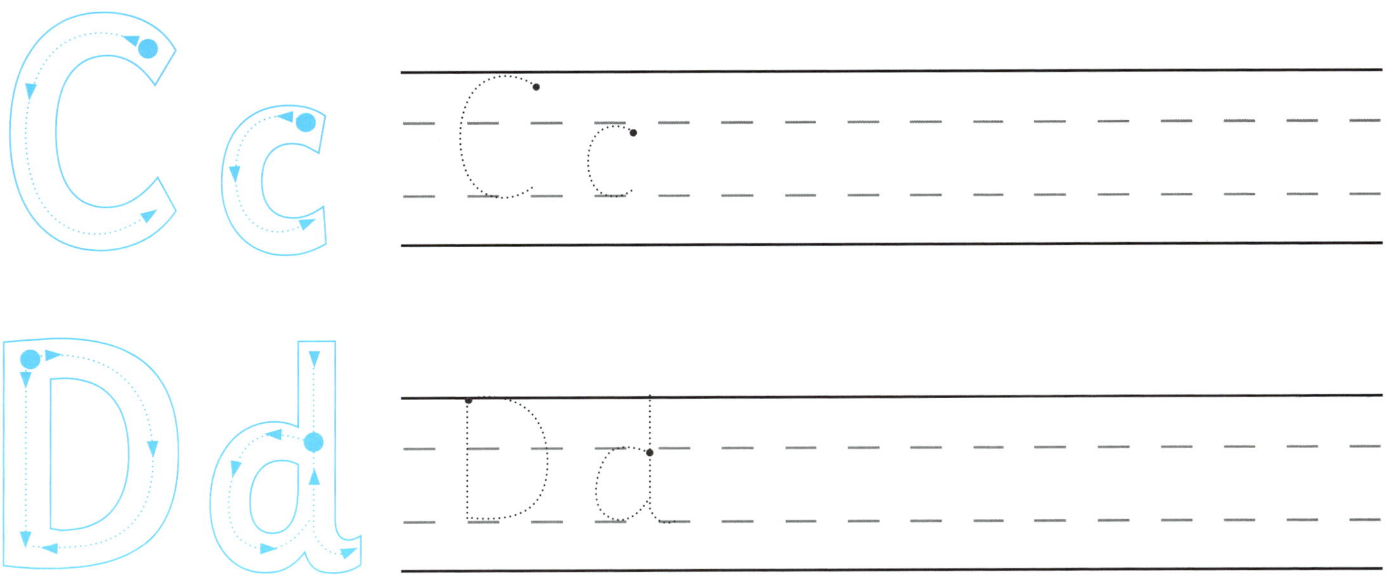

3 Mi colegio

Colorear, dibujar, jugar, leer, cantar, hablar, escribir.

1. Escucha y repite. 19
2. Señala y repite.
3. Escucha y encuentra.

Estructura

Yo canto.
Yo leo.
Yo juego.
1. Escucha y repite. 20
2. Señala y repite.
3. Practica.

Aa Bb Cc Dd **Ee** **Ff** Gg Hh Ii Jj Kk Ll Mm
Nn Ññ Oo Pp Qq Rr Ss Tt Uu Vv Ww Xx Yy Zz

Ee (elefante, espejo) Ff (foca, fresa).

1. Escucha y señala. 21
2. Escribe y repite.
3. Encuentra.
4. Juego: Dilo tres veces.

E e F f

elefante

espejo

foca

fresa

Números

Cinco.

1. Escucha y señala. 22
2. Escribe y repite.
3. Encuentra y cuenta.
4. Juego: Salta los números.

1 2 3 4 **5** 6 7 8 9 10

cinco

1. Escucha. 23
2. Observa y repite.
3. Escucha y practica.

¿Qué haces?

Juan: ¿Qué haces?
Ana: Yo coloreo.

Pablo: ¿Qué haces?
Ana: Yo leo.

Juan: ¿Qué haces?
Ana: Yo juego.

Ana: ¿Qué hacéis?
Juan y Pablo: Descansamos.

Canción

1. Escucha. 24
2. Escucha y señala.
3. Canta.

¿Qué haces?

¿Qué haces?

Yo coloreo.

¿Qué haces?

Yo canto.

¿Qué haces?

Yo escribo.

¿Qué haces?

Yo juego.

¿Qué haces?

Yo descanso.

1. Escucha y repite. 25
2. Señala y repite.
3. Practica.
4. Juego: Simón dice.

Encuenta, di y señala las letras *E*, *e*, *F* y *f*.

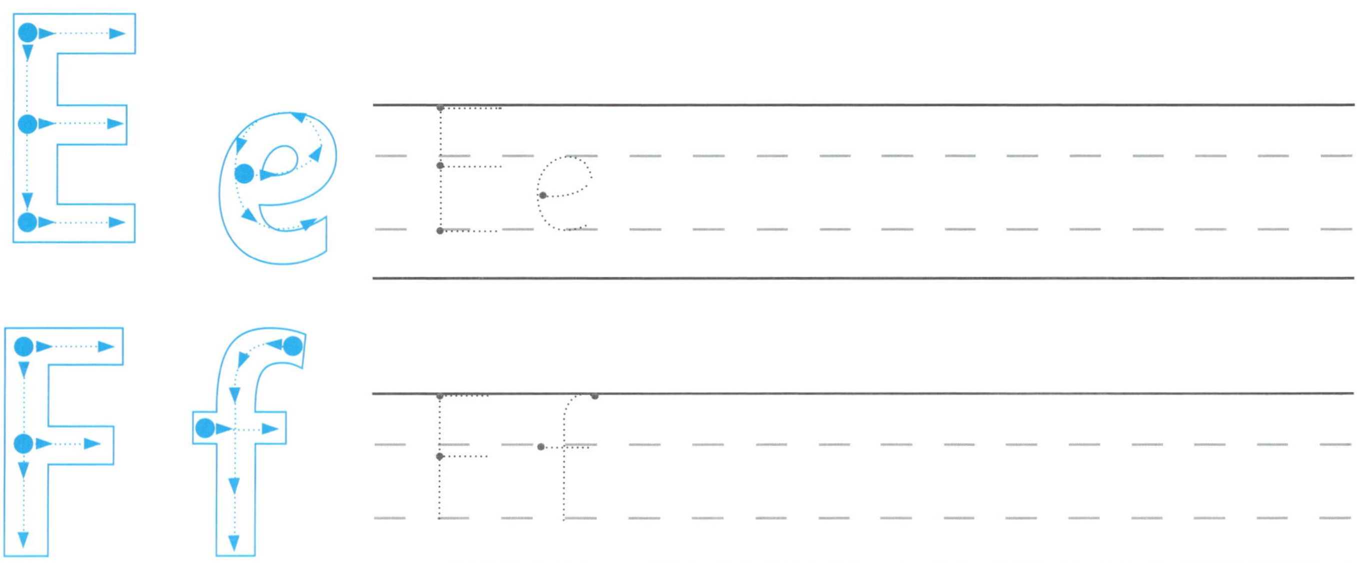

4

Mis juguetes

Globo, cubos, barco, coche, robot, muñeca, peluche, yoyó.

1. Escucha y repite. 26
2. Señala y repite.
3. Escucha y encuentra.

Sesión 2

Estructura

Este es mi globo.
Este es mi coche.
Este es tu yoyó.

1. Escucha y repite. 27
2. Señala y repite.
3. Di y practica.

Aa Bb Cc Dd Ee Ff **Gg Hh** Ii Jj Kk Ll Mm
Nn Ññ Oo Pp Qq Rr Ss Tt Uu Vv Ww Xx Yy Zz

Gg (gato, gusano) Hh (hormiga, huevo).

1. Escucha y señala. 28
2. Escribe y repite.
3. Encuentra.
4. Juego: El intruso.

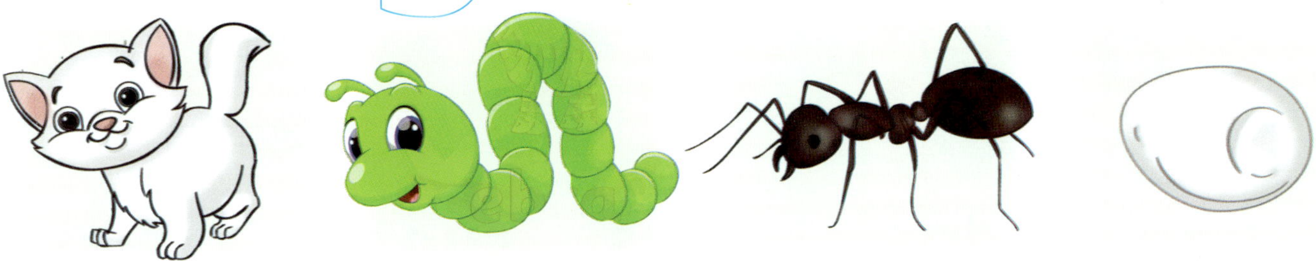

gato **gusano** **hormiga** **huevo**

Números

Revisión 1-5.

1. Escucha y señala. 29
2. Dibuja y repite.
3. Encuentra y cuenta.
4. Juego: Cuenta tres veces.

1 2 3 4 5 6 7 8 9 10

1	2	3	4	5
uno	dos	tres	cuatro	cinco

1. Escucha. 30
2. Observa y repite.
3. Escucha y practica.

¡Mi yoyó!

Juan: Este es mi robot.
Carlos: ¡Qué bonito!

Carlos: Este es mi coche.
Juan: ¡Es muy bonito!

Carlos: Este es mi barco.
Juan: ¡Qué bonito!

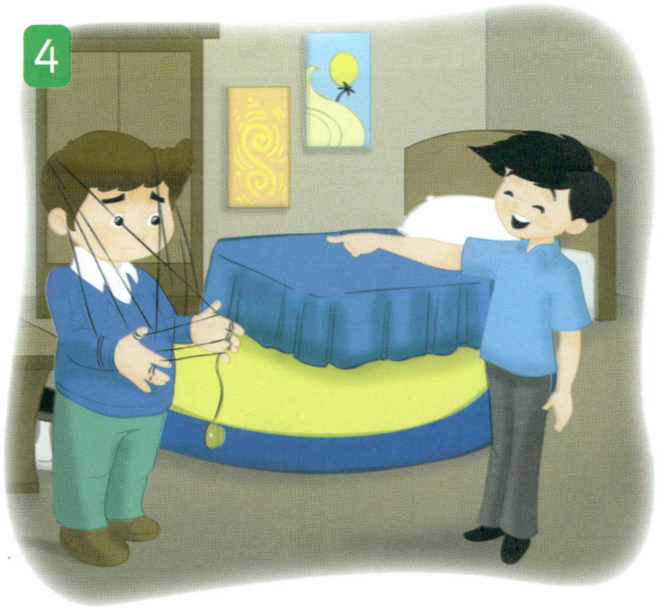

Carlos: Este es ¡mi yoyó!

Canción

1. Escucha. 31
2. Escucha y señala.
3. Canta.

¿Jugamos?

Esta es mi muñeca.
¡Qué bonita!
Este es tu peluche.
¡Qué bonito!
Este es mi robot.
¡Qué bonito!
Este es tu yoyó.
¡Qué bonito!

1. Escucha y repite. 32
2. Señala y repite.
3. Practica.
4. Juego: Sígueme.

Encuentra, di y señala las letras *G*, *g*, *H* y *h*.

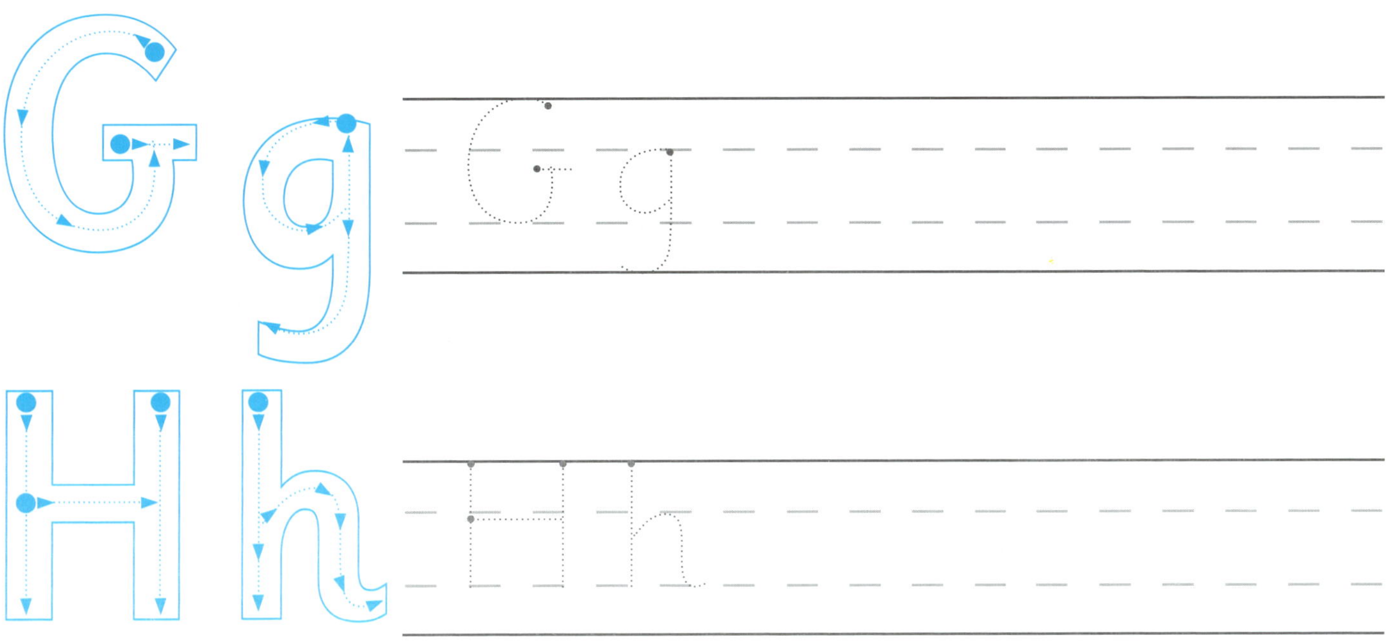

5

Mi clase

Pizarra, silla, dibujo, planta, mesa, papelera, ventana.

1. Escucha y repite. 33
2. Señala y repite.
3. Escucha y encuentra.

Sesión 2

Estructura

¿Qué es esto? Es una silla.
¿Qué es esto? Es un dibujo.
¿Qué es esto? Es una ventana.

1. Escucha y repite. 34
2. Señala y repite.
3. Practica.

Aa Bb Cc Dd Ee Ff Gg Hh **Ii** **Jj** **Kk** Ll Mm

Nn Ññ Oo Pp Qq Rr Ss Tt Uu Vv Ww Xx Yy Zz

Ii (insecto, isla) Jj (jirafa, jaula) Kk (kiwi, kárate).

1. Escucha y señala. 35
2. Dibuja y repite.
3. Encuentra.
4. Juego: Di y relaciona.

I i J j K k

insecto

jirafa

kiwi

isla

jaula

kárate

Sesión 4

Números

Seis, siete.

1. Escucha y señala. 36
2. Dibuja y repite.
3. Encuentra y cuenta.
4. Juego: Pega el número.

1 2 3 4 5 6 7 8 9 10

6

7

seis

siete

1. Escucha. 37
2. Observa y repite.
3. Escucha y practica.

¡Es un salón!

Carlos: ¿Qué es esto?
Ana: Es un televisor.

Ana: Es una mesa.

Ana: Es un sofá.

Ana: Es un salón.

Canción

1. Escucha. 38
2. Escucha y señala.
3. Canta.

¿Qué es esto?

¿Qué es esto?
Es una silla.
¿Qué es esto?
Es una mesa.

¿Qué es esto?
Es un dibujo.
¿Qué es esto?
Es una ventana.

1. Escucha y repite. 39
2. Señala y repite.
3. Practica.
4. Juego: Toca y hazlo.

Encuentra, di y señala las letras *I*, *i*, *J*, *j*, *K* y *k*.

6 Mi ropa

Vestido, chaqueta, pantalones, camisa, zapatos, falda, calcetines.

1. Escucha y repite. 40
2. Señala y repite.
3. Escucha y encuentra.

Sesión 2 Estructura

Yo tengo una camisa.
Yo tengo un vestido.
Yo tengo unos zapatos.

1. Escucha y repite. 41
2. Señala y repite.
3. Practica.

Aa Bb Cc Dd Ee Ff Gg Hh Ii Jj Kk **Ll Mm**
Nn Ññ Oo Pp Qq Rr Ss Tt Uu Vv Ww Xx Yy Zz

Ll (limón, león) Mm (mono, mano) Nn (nariz, naranja) Ñn (niño, niña).

1. Escucha y señala. 42
2. Dibuja y repite.
3. Encuentra.
4. Juego: Toca las palmas y salta.

Ll Mm Nn Ññ

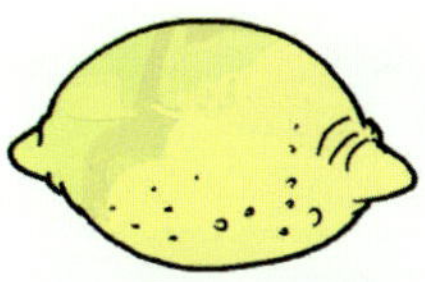

limón

mono

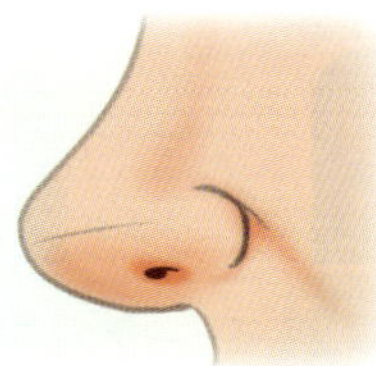

nariz

niño

león

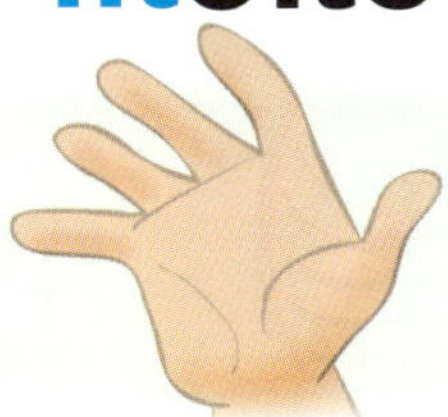

mano

naranja

niña

Números

Ocho, nueve.

1. Escucha y señala. 43
2. Dibuja y repite.
3. Encuentra y cuenta.
4. Juego: Salta los números.

1 2 3 4 5 6 7 8 9 10

8

ocho

9

nueve

1. Escucha. 44
2. Observa y repite.
3. Escucha y practica.

¿Cómo estoy?

Juan: Yo tengo unos calcetines.

Juan: Yo tengo unos zapatos.

Juan: Yo tengo una chaqueta.

Juan: ¿Cómo estoy?
Carlos: ¡Genial!

Canción

1. Escucha. 45
2. Escucha y señala.
3. Canta.

¿Cómo estoy?

Yo tengo una camisa. ¿Cómo estoy?
¡Genial!
Yo tengo unos zapatos. ¿Cómo estoy?
¡Genial!
Yo tengo un vestido. ¿Cómo estoy?
¡Genial!
Yo tengo unos pantalones. ¿Cómo estoy?
¡Genial!

1. Escucha y repite. 46
2. Señala y repite.
3. Practica.
4. Juego: Hazlo tres veces.

Encuentra, di y señala las letras *L*, *l*, *M*, *m*, *N*, *n*, *Ñ* y *ñ*.

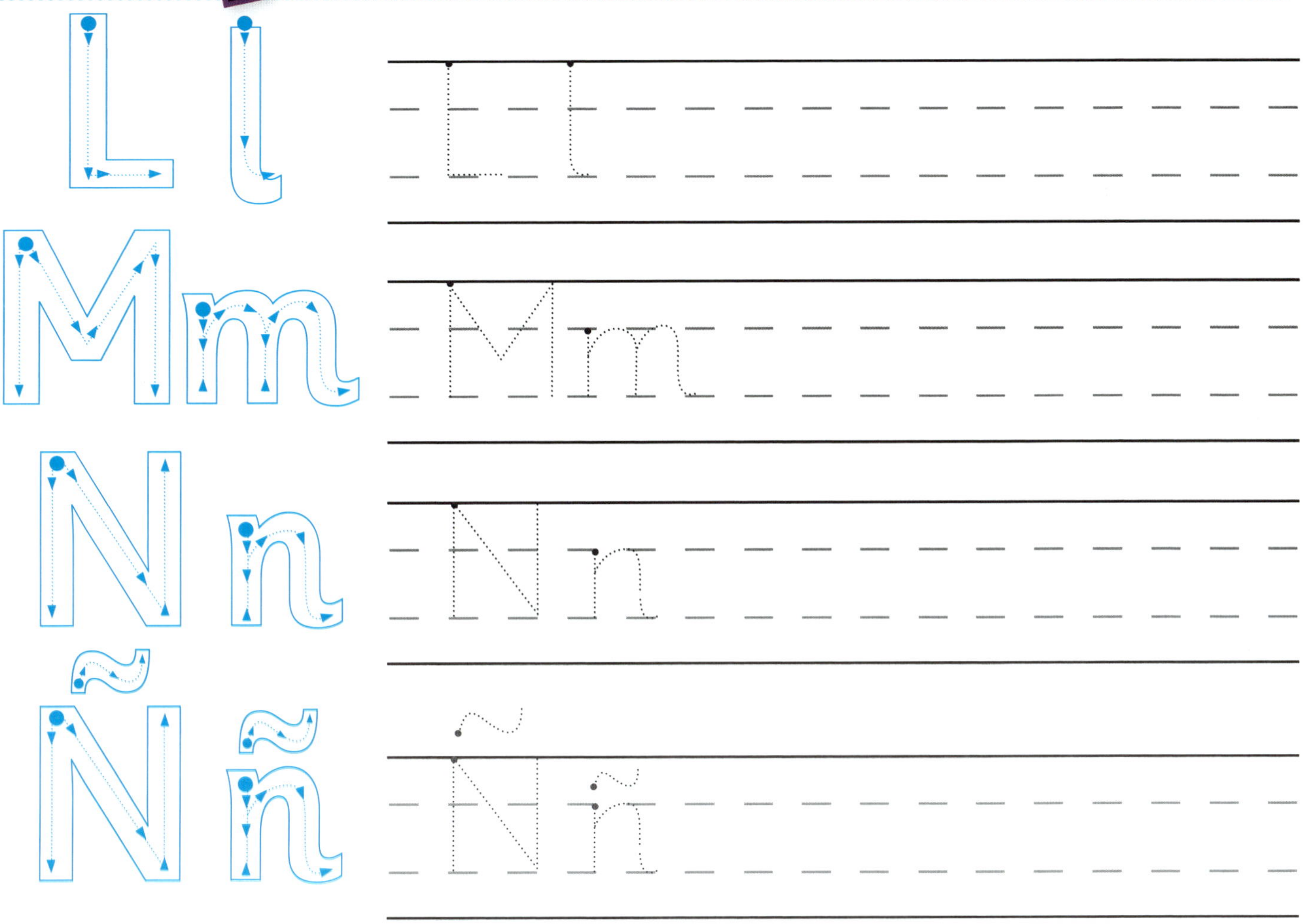

7

La granja

Gallina, vaca, hierba, caballo, conejo, oveja, sol.
1. Escucha y repite. 47
2. Señala y repite.
3. Escucha y encuentra.

Sesión 2 Estructura

¿Es un conejo? Sí.
¿Es una vaca? No.
¿Es un caballo? Sí.

1. Escucha y repite. 48
2. Señala y repite.
3. Practica.

Oo (ocho, oso) Pp (pelota, pizza) Qq (queso, esquí).

1. Escucha y señala. 49
2. Dibuja y repite.
3. Encuentra.
4. Juego: Da una o dos palmas.

Aa Bb Cc Dd Ee Ff Gg Hh Ii Jj Kk Ll Mm

Nn Ññ **Oo** **Pp** **Qq** Rr Ss Tt Uu Vv Ww Xx Yy Zz

Oo

ocho

oso

Pp

pelota

pizza

Qq

queso

es**q**uí

Números

Diez.

1. Escucha y señala. 50
2. Dibuja y repite.
3. Encuentra y cuenta.
4. Juego: Cuenta y gira.

1 2 3 4 5 6 7 8 9 10

diez

1. Escucha. 51
2. Observa y repite.
3. Escucha y practica.

¡Somos nosotros!

Juan: ¿Es un sol?
Ana: Sí.

Ana: ¿Es una vaca?
Juan: Sí.

Ana: ¿Es una oveja?
Juan: No. Es un caballo.

Juan: ¡Somos nosotros!
Ana: Sí.

Canción

1. Escucha. 52
2. Escucha y señala.
3. Canta.

La granja

La granja, la granja.
¿Es una vaca?
Sí, sí, sí.

La granja, la granja.
¿Es una gallina?
Sí, sí, sí.

La granja, la granja.
¿Es un conejo?
No, no, no.

La granja, la granja.
¿Es un caballo?
No, no, no.

La granja, la granja,
la granja.

1. Escucha y repite. 53
2. Señala y repite.
3. Practica.
4. Juego: Da palmadas, haz, da palmadas.

Encuentra, di y señala las letras *O*, *o*, *P*, *p*, *Q* y *q*.

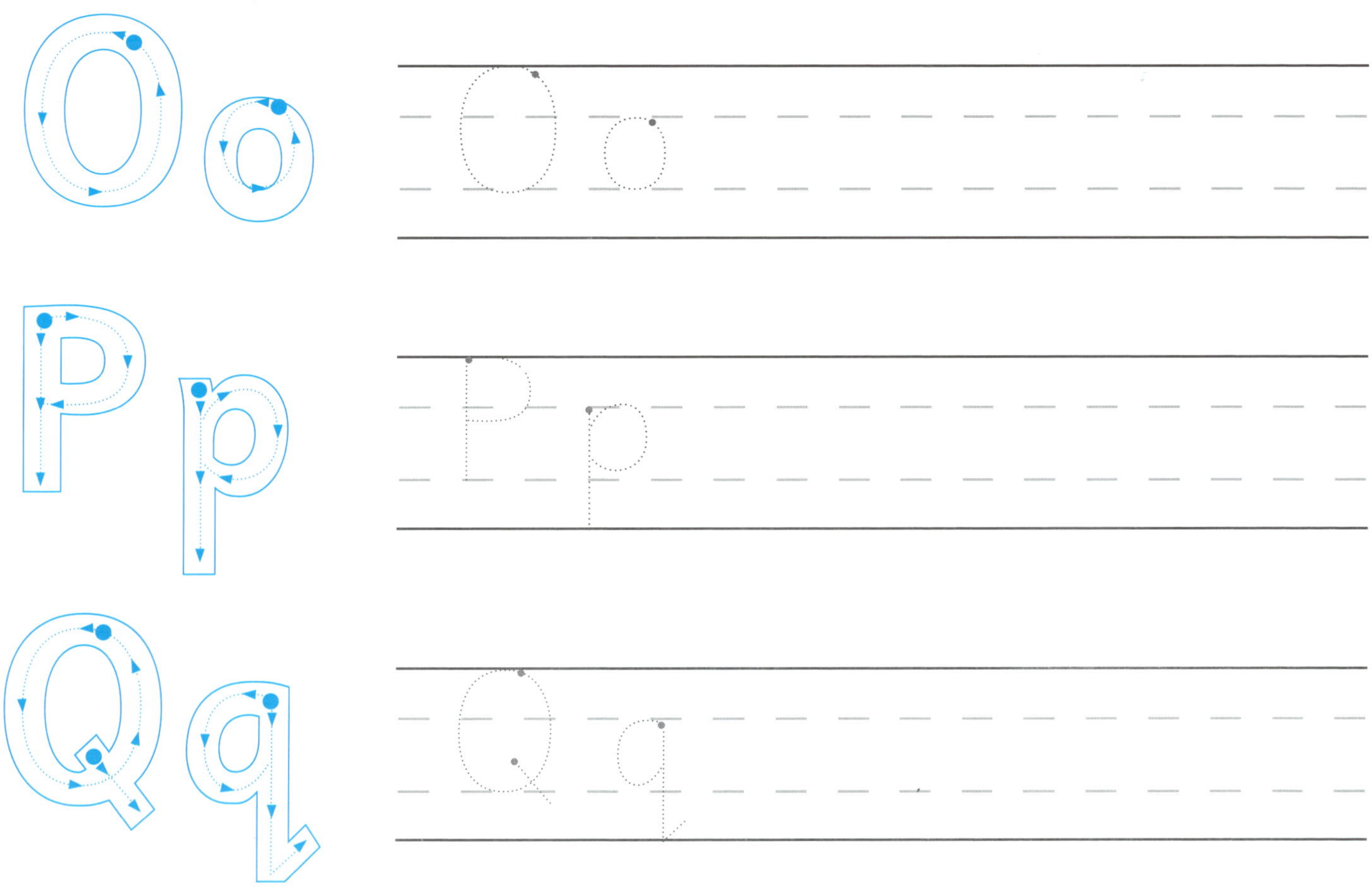

8 Mi cuerpo

Vocabulario

Oreja, ojo, mano, cabeza, pierna, boca, nariz.

1. Escucha y repite. 54
2. Señala y repite.
3. Escucha y encuentra.

Estructura

¿Cuántas? Una nariz.
¿Cuántos? Dos ojos.
¿Cuántas? Dos piernas.

1. Escucha y repite. 55
2. Señala y repite.
3. Practica.

Aa Bb Cc Dd Ee Ff Gg Hh Ii Jj Kk Ll Mm
Nn Ññ Oo Pp Qq **Rr Ss Tt** Uu Vv Ww Xx Yy Zz

Rr (reina, correr) Ss (sombrero, saltar) Tt (taza, tren).

1. Escucha y señala. 56
2. Dibuja y repite.
3. Encuentra.
4. Juego: Corre y di.

Rr Ss Tt

reina

sombrero

taza

correr

saltar

tren

Números

Revisión 1-10.

1. Escucha y señala. 57
2. Dibuja y repite.
3. Encuentra y cuenta.
4. Juego: Salta y da palmas.

1 2 3 4 5 6 7 8 9 10

1. Escucha. 58
2. Observa y repite.
3. Escucha y practica.

¿Cuántos, Juan?

Mamá: ¿Cuántas zanahorias, Juan?

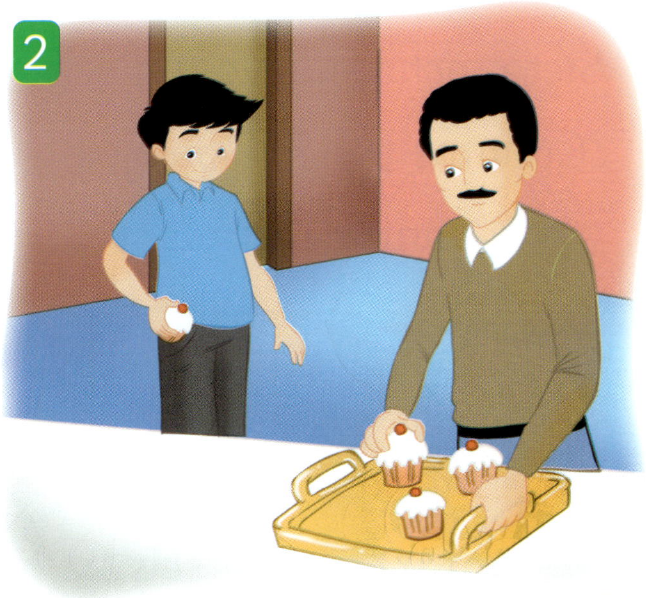

Papá: ¿Cuántos pasteles?

Mamá: ¿Cuántas naranjas?

Papá: ¡Gracias, Juan!

Canción

1. Escucha. 59
2. Escucha y señala.
3. Canta.

Cuenta conmigo

Uno, dos y tres.
Cuatro, cinco y seis.
Siete, ocho, nueve y diez.
¿Cuántos ojos? ¡Dos ojos!
¿Cuántas piernas?
¡Dos piernas!

Uno, dos y tres.
Cuatro, cinco y seis.
Siete, ocho, nueve y diez.
¿Cuántas manos? ¡Dos manos!
¿Cuántas orejas? ¡Dos orejas!

Uno, dos y tres.
Cuatro, cinco y seis.
Siete, ocho, nueve y diez.
¿Cuántas bocas? ¡Una boca!
¿Cuántas cabezas?
¡Solo una cabeza!

Uno, dos y tres.
Cuatro, cinco y seis.
Siete, ocho, nueve y diez.

1. Escucha y repite. 60
2. Señala y repite.
3. Practica.
4. Juego: Lanza la pelota.

Encuentra, di y señala las letras *R*, *r*, *S*, *s*, *T* y *t*.

9

La comida

Plátano, pan, zanahoria, pepino, bocadillo, tomate, agua.

1. Escucha y repite. 61
2. Señala y repite.
3. Escucha y encuentra.

Estructura

Me gusta el plátano.
Me gusta el zumo.
No me gusta la sopa.

1. Escucha y repite. 62
2. Señala y repite.
3. Practica.

Aa Bb Cc Dd Ee Ff Gg Hh Ii Jj Kk Ll Mm
Nn Ññ Oo Pp Qq Rr Ss Tt **Uu Vv Ww** Xx Yy Zz

Uu (uva, uña) Vv (ventilador, vaso) Ww (windsurf, kiwi).

1. Escucha y señala. 63
2. Dibuja y repite.
3. Encuentra.
4. Juego: Golpea la mesa.

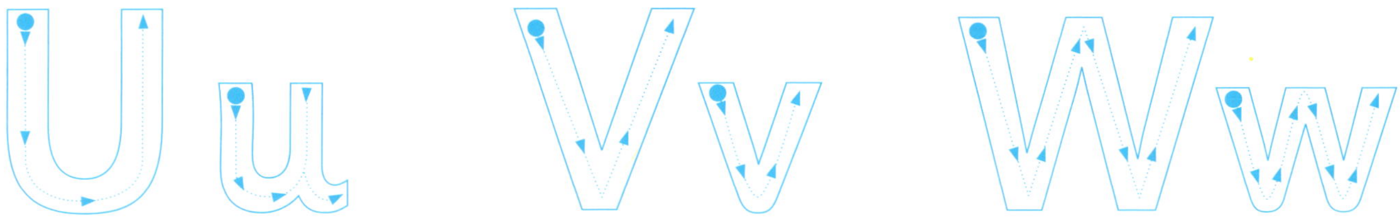

uva

ventilador

windsurf

uña

vaso

ki**w**i

Números

Revisión 1-10.

1. Escucha y señala. 64
2. Dibuja y repite.
3. Encuentra y cuenta.
4. Juego: Dibuja los números.

1 2 3 4 5 6 7 8 9 10

1. Escucha. 65
2. Observa y repite.
3. Escucha y practica.

¡Un bocadillo!

Carlos: ¡Tengo hambre!

Carlos: No me gusta la zanahoria.

Carlos: No me gusta el pepino.

Carlos: ¡Un bocadillo! ¡Sí! Me gusta el bocadillo.

Canción

1. Escucha. 66
2. Escucha y señala.
3. Canta.

¡Me gusta la comida!

Me gusta la comida. ¡Ñam, ñam!
¡La sopa y el bocadillo, también!

Me gusta la zanahoria. ¡Ñam, ñam!
¡El pan y el agua, también!

No me gusta el pepino. ¡No, no!
¡No me gusta!

1. Escucha y repite. 67
2. Señala y repite.
3. Practica.
4. Juego: Muévete.

Encuentra, di y señala las letras *U*, *u*, *V*, *v*, *W* y *w*.

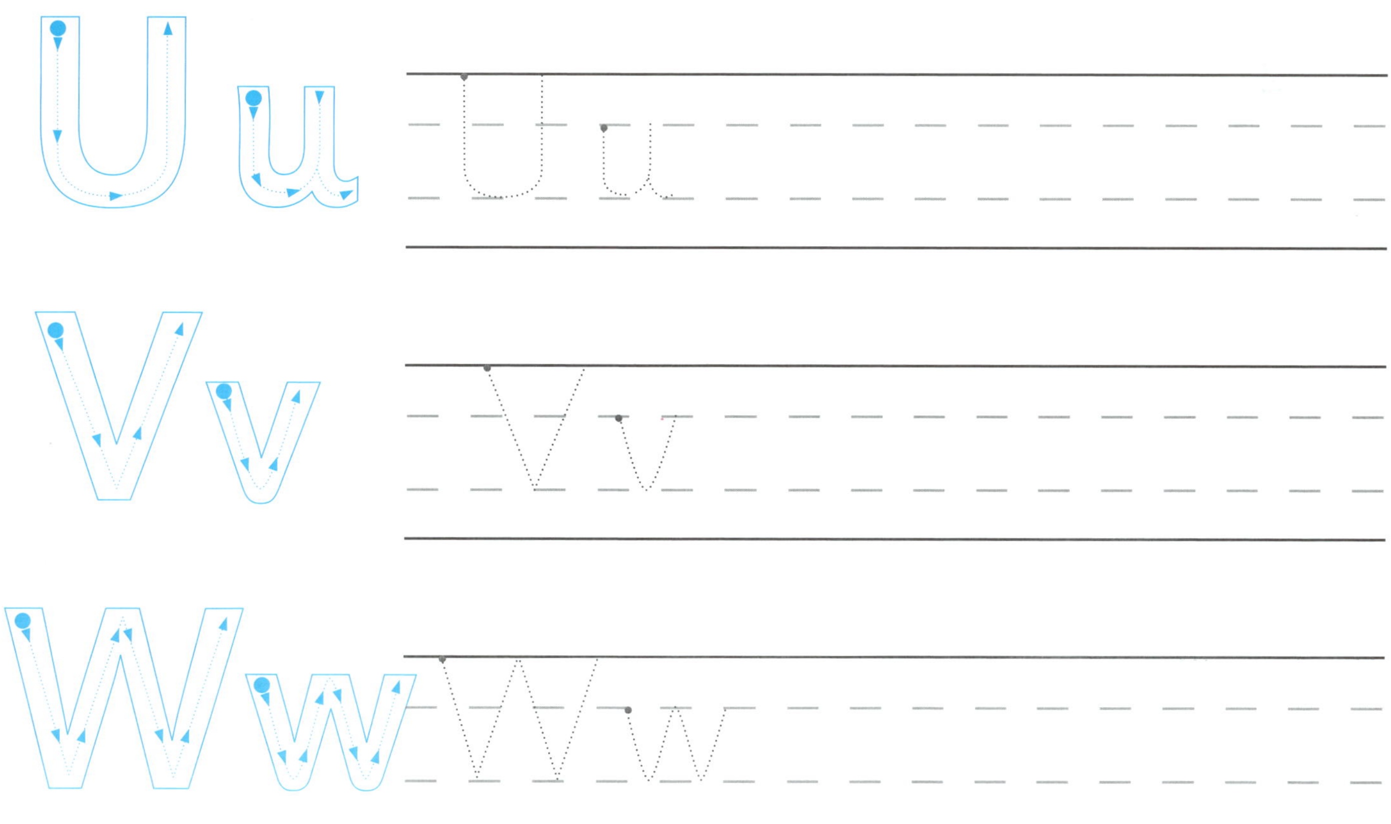

10 ¡Es fin de semana!

Tomar, subir, golpear, dar una patada, montar en bici, nadar, lanzar.

1. Escucha y repite. 68
2. Señala y repite.
3. Escucha y encuentra.

Estructura

Yo puedo dar una patada a la pelota.
Yo no puedo golpear la pelota.
Yo puedo montar en bici.

1. Escucha y repite. 69
2. Señala y repite.
3. Practica.

Aa Bb Cc Dd Ee Ff Gg Hh Ii Jj Kk Ll Mm
Nn Ññ Oo Pp Qq Rr Ss Tt Uu Vv Ww Xx Yy Zz

Xx (taxi, flexo) Yy (yoyó, yogur) Zz (azul, zorro).

1. Escucha y señala. 70
2. Dibuja y repite.
3. Encuentra.
4. Juego: Da dos vueltas.

X x Y y Z z

taxi

yoyó

azul

flexo

yogur

zorro

Números

Revisión 1-10.

1. Escucha y señala. 71
2. Dibuja y repite.
3. Encuentra y cuenta.
4. Juego: Cuenta las monedas.

1 2 3 4 5 6 7 8 9 10

1. Escucha. 72
2. Observa y repite.
3. Escucha y practica.

¿Qué puedes hacer?

Beni: Nosotros podemos subir.

Lola: Nosotros podemos jugar.

Beni: Nosotros no podemos montar en bici.

Lola: ¡Nosotros podemos correr!

Sesión 6 Canción

1. Escucha. 73
2. Escucha y señala.
3. Canta.

¡Podemos!

Correr, correr, correr, correr.
¡Podemos correr!
Lanzar, lanzar, lanzar, lanzar.
¡Podemos lanzar!
Subir, subir, subir, subir.
¡Podemos subir!
Jugar, jugar, jugar.
¡Podemos jugar!
¡Este fin de semana podemos correr,
lanzar, subir y jugar!

1. Escucha y repite. 74
2. Señala y repite.
3. Practica.
4. Juego: Hazlo tres veces.

Encuentra, di y señala las letras *X*, *x*, *Y*, *y*, *Z* y *z*.

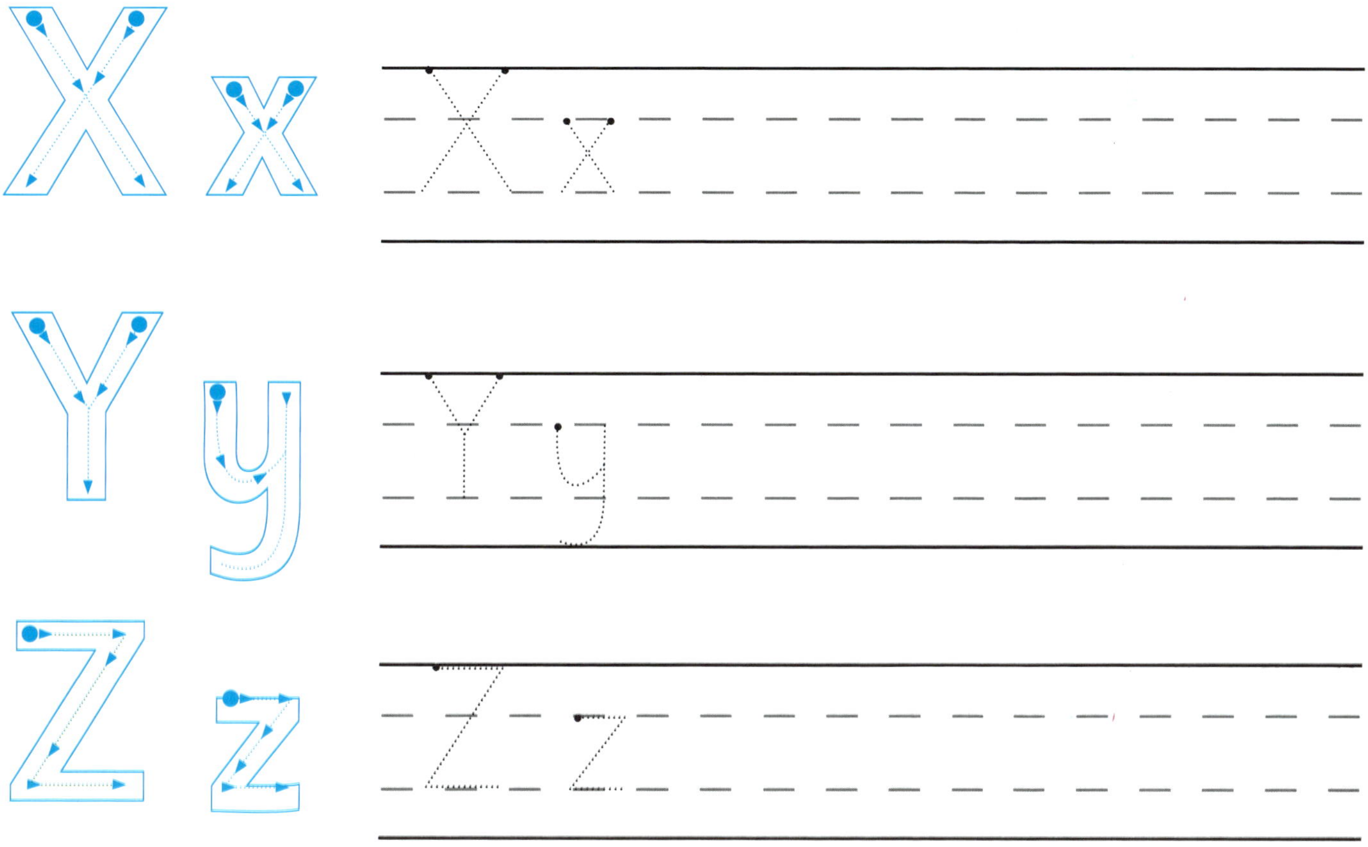

Canción 75

¡Empieza por A! ¡Arena, avión! ¡1, 2, 3!
¡Empieza por B! ¡Boca, burro! ¡4, 5, 6!
¡Empieza por C! ¡Caja, cebra, circo, cometa! ¡7, 8, 9, 10!
¡Empieza por D! ¡Dedo, dado! ¡1, 2, 3!
¡Empieza por E! ¡Elefante, espejo! ¡4, 5, 6!
¡Empieza por F! ¡Foca, fresa! ¡7, 8, 9, 10!
¡Empieza por G! ¡Gato, gusano! ¡1, 2, 3!
¡Empieza por H! ¡Hormiga, huevo! ¡4, 5, 6!
¡Empieza por I! ¡Insecto, isla! ¡7, 8, 9, 10!
¡Empieza por J! ¡Jirafa, jaula! ¡1, 2, 3!
¡Empieza por K! ¡Kiwi, kárate! ¡4, 5, 6!
¡Empieza por L! ¡Limón, león! ¡7, 8, 9, 10!
¡Empieza por M! ¡Mono, mano! ¡1, 2, 3!
¡Empieza por N! ¡Nariz, naranja! ¡4, 5, 6!
¡Contiene la Ñ! ¡Niño, niña! ¡7, 8, 9, 10!
¡Empieza por O! ¡Ocho, oso! ¡1, 2, 3!
¡Empieza por P! ¡Pelota, pizza! ¡4, 5, 6!
¡Contiene la Q! ¡Queso, esquí! ¡7, 8, 9, 10!
¡Contiene la R! ¡Reina, correr! ¡1, 2, 3!
¡Empieza por S! ¡Sombrero, saltar! ¡4, 5, 6!
¡Empieza por T! ¡Taza, tren! ¡7, 8, 9, 10!
¡Empieza por U! ¡Uva, uña! ¡1, 2, 3!
¡Empieza por V! ¡Ventilador, vaso! ¡4, 5, 6!
¡Contiene la W! ¡Windsurf, kiwi! ¡7, 8, 9, 10!
¡Contiene la X! ¡Taxi, flexo! ¡1, 2, 3!
¡Empieza por Y! ¡Yogur, yoyó! ¡4, 5, 6!
¡Contiene la Z! ¡Azul, zorro! ¡7, 8, 9, 10!

El abecedario

Aa

Bb

Cc

Dd

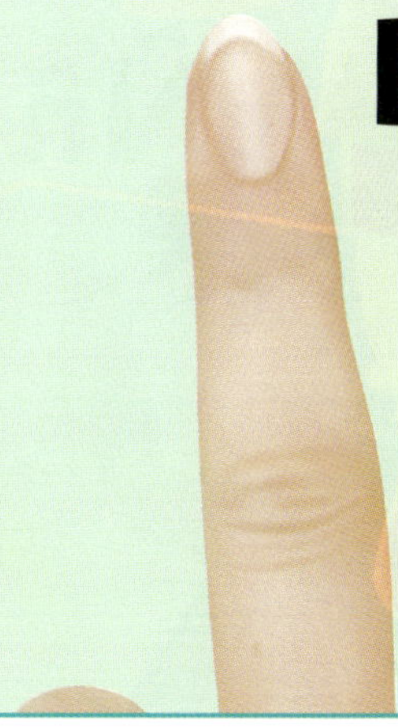

Ee

Ff

Gg

Hh

Ii

El abecedario

Jj

Kk

Ll

Mm

Nn

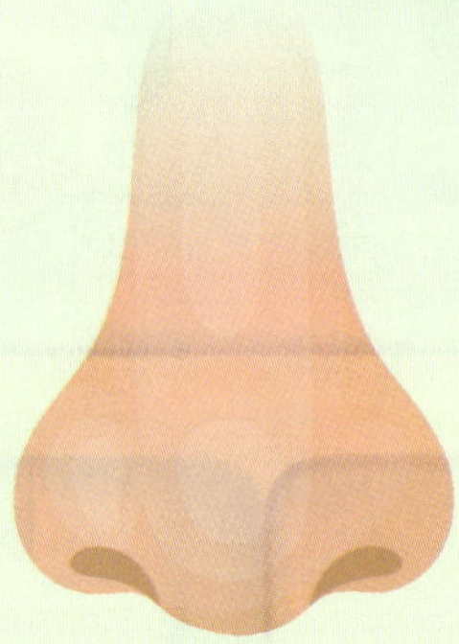

Ññ

Oo

Pp

Qq

Rr

Ss

Tt

Uu

Vv

Ww

Xx

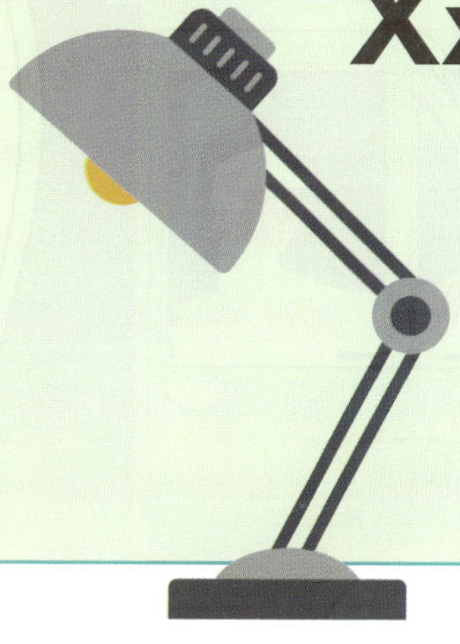

Yy

Zz

Notas

¡Enhorabuena!

Certificamos que

____

ha completado con éxito

CLAN 7 INICIAL

en ____________________________________.

Firma ____________________